그림 황명석
대학과 대학원에서 순수미술을 전공하였으며,
미술학원 강사, 개인전 및 전시회 다수 하였습니다.
현재는 출판 및 프리랜서 일러스트레이터로 활동하고 있습니다.
그린 책으로는 〈냥이와 함께 처음 만나는 컬러링북〉, 〈집에서 하는 재밌는 두뇌놀이〉,
〈초등 바른 글씨 연습장〉등이 있습니다.

초등필수
자신있게
따라쓰기

초판 1쇄 인쇄 | 2021년 9월 24일
초판 1쇄 발행 | 2021년 9월 30일

펴낸곳 | 좋은친구 출판사
글 | 편집부
그림 | 황명석
펴낸이 | 조병욱
인쇄·제본 | 성광인쇄(주)
등록번호 | 제 2016-9호
주소 | 서울특별시 도봉구 시루봉로 192-6
전화 | 070-8182-1779   **팩스** | 02-6937-1195
E-mail | friendbooks@naver.com

ISBN | 979-11-88483-25-9 73710

값 9,000원
◉ 잘못 만들어진 책은 구입처에서 교환해 드립니다.

초등 학생 바른 글씨체 만들기

초등필수
자신있게
따라쓰기

글 편집부 그림 황명석

머리말

글씨는 학습 능력과도 밀접한 관계가 있습니다. 사람마다 얼굴이 다르듯이 글씨 또한 글씨체가 다릅니다. 대충대충 쓴 글을 보면 좋은 느낌을 갖기 어렵습니다. 글의 내용이 아무리 좋아도 악필로 글을 쓴 사람이 손해를 볼 수 있죠. 그래서 공부를 가르치기 전에 글씨를 바르게 쓸 수 있도록 해야 합니다. 공부하는 힘이 되는 방법의 시작은 반듯한 예쁜 글씨입니다.

예쁘고 바른 글씨는 내 생각과 마음을 전달하는 중요한 역할을 하며 그 만큼 공부에 대한 흥미도 커지기 때문에 공부하는 즐거움도 커집니다.

초등학교부터 바르게 익힌 반듯한 예쁜 글씨체는 다른 사람들에게 좋은 인상을 심어 주고 아이에게 평생 훌륭한 자산이 됩니다. 따라서 글씨 쓰기 초기부터 글씨 쓰는 법을 바르고 정확하게 가르쳐 주는 것이 좋습니다.

한 번 익힌 글씨체는 쉽게 고쳐지지 않습니다. 교정하기까지 오랜 시간이 걸리므로 저학년 때 빨리 바로잡아 주어야 합니다. 특히 스마트폰과 컴퓨터에 익숙한 요즘 어린이들은 무조건 많이 써보는 게 필요합니다. 매일매일 15분 정도의 꾸준한 노력으로 한 장 한 장 연습하다 보면 아무리 못난 손 글씨도 어느새 반듯하고 예쁜 글씨로 쓰고 있는 나를 발견할 것입니다. 그러면 계획을 세워서 따라 쓰기를 열심히 해 볼까요?

부모의 마음으로 제작된 이 책이 아무쪼록 어린이 여러분의 예쁜 글씨를 쓰는데 많은 도움이 되기를 바랍니다.

편집부

차 례

머리말 **4**

1장 기초 다지기 **6**

2장 낱말을 따라 써 보세요. **9**

3장 문장을 따라 써 보세요. **32**

4장 글쓰기를 따라 써 보세요.

    (1) 순우리말 동시들 쓰기 **71**

    (2) 이솝 우화 쓰기 **77**

1장 기초 다지기

연필을 바르게 잡는 방법

1. 엄지손가락과 집게손가락의 모양을 둥글게 하여 필기도구를 잡아요.
2. 가운데손가락으로 필기도구를 받치세요.
3. 필기도구의 아랫부분을 잡고 세우거나 눕히지 않아요.
4. 연필과 종이는 60도 각도가 되도록 유지해요.
5. 적당히 힘을 주어 손가락의 힘으로 글씨를 써요.
6. 연필을 잡은 손의 새끼손가락을 바닥에 가볍게 댑니다.

바른 옆모습

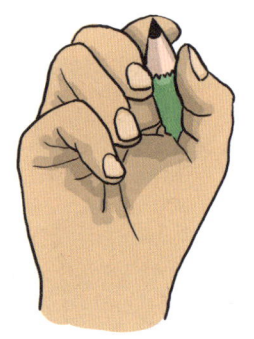

밑에서 본모습

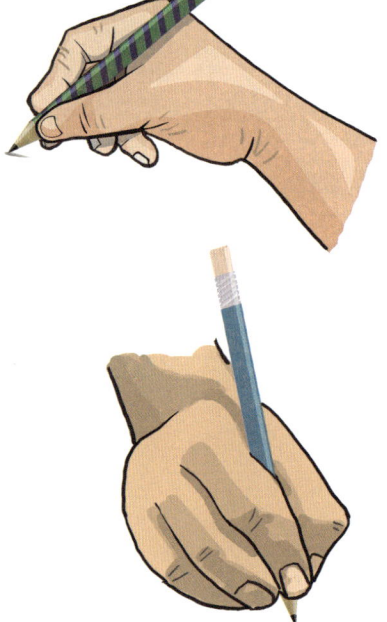

앞에서 본모습

글씨를 쓸 때의 바르게 앉는 자세

1. 허리를 곧게 펴고 엉덩이는 의자 뒤쪽에 붙입니다.
2. 노트와 눈의 거리를 너무 가깝게 하지 않아요.
3. 노트를 책상 위에 바르게 놓고 고개를 너무 많이 숙이지 않아요.
4. 시선은 종이와 연필심의 끝을 향하게 하세요.
5. 글씨를 쓰지 않는 손으로 노트를 살짝 눌러 주세요.
6. 종이와 손은 몸의 중심에 있어야 하며 양손은 수평이 되게 책상 위에 올려놓아야 글자의 모양이 좋아집니다.

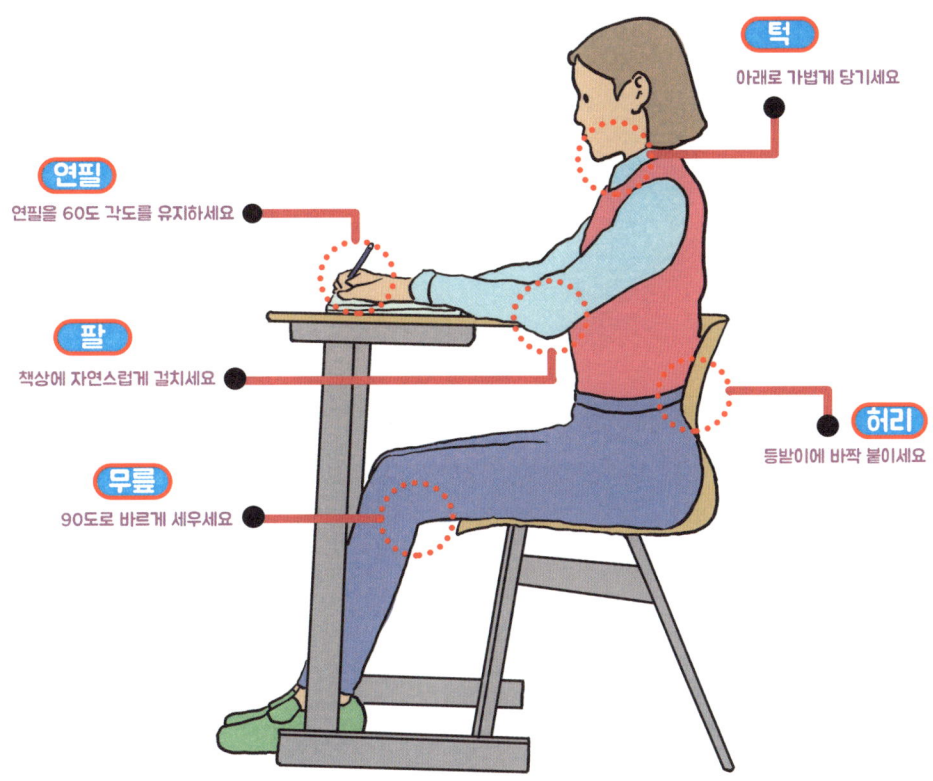

글자의 모양을 익혀 보세요.

ㅏ, ㅑ, ㅓ, ㅕ, ㅣ와 합쳐진 글자를 < 모양에 맞춰 따라 써 보세요.

ㅗ, ㅛ, ㅡ 와 합쳐진 글자를 ∧ 모양에 맞춰 써 보세요.

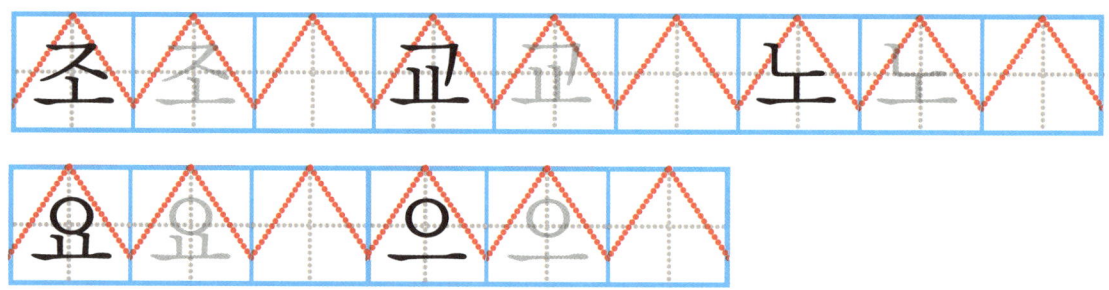

ㅜ, ㅠ 와 합쳐진 글자, 받침에 자음이 들어간 글자를 ◇ 모양에 맞춰 써 보세요.

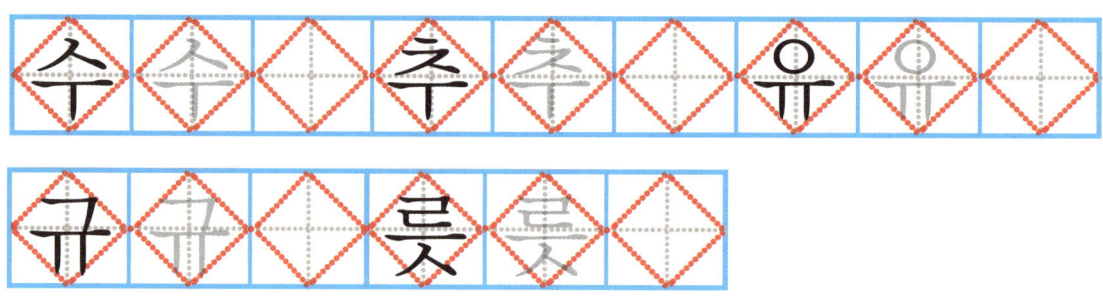

2장 낱말을 따라 써 보세요.

 뜻이 반대인 낱말을 따라 써 보세요.

크다		작다
두껍다		얇다
적다		많다

 뜻이 반대인 낱말을 따라 써 보세요.

| 깊 | 다 | | | |

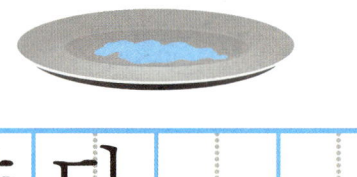

| 얕 | 다 | | | |

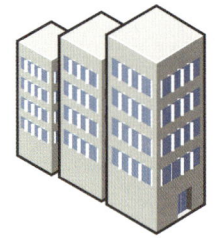

| 높 | 다 | | | |

| 낮 | 다 | | | |

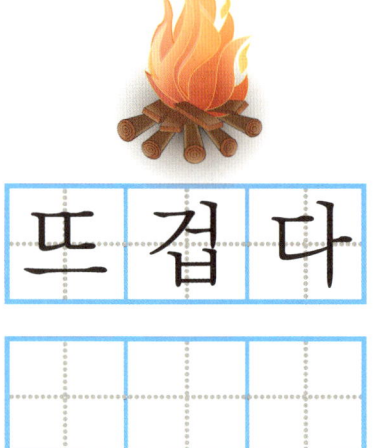

| 뜨 | 겁 | 다 | | |
| | | | | |

| 차 | 갑 | 다 | | |
| | | | | |

 감정, 느낌을 표현하는 말을 따라 써 보세요.

놀랍다

신기하다

부럽다

기쁘다

 감정, 느낌을 표현하는 말을 따라 써 보세요.

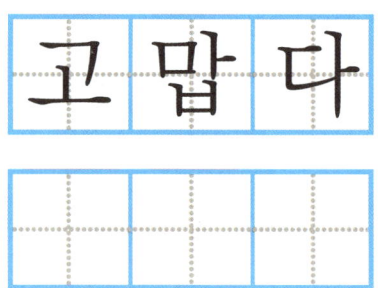

고 맙 다

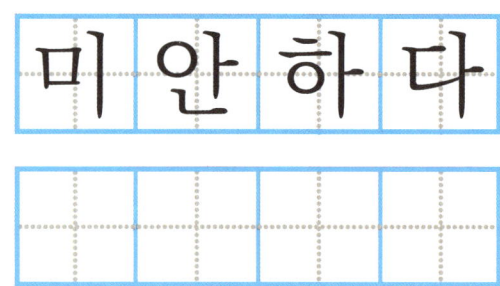

미 안 하 다

멋 지 다

억 울 하 다

✏️ 사람의 신체 명칭을 따라 써 보세요.

머리

눈

귀

입

코

어깨

목

팔

손

허리

무릎

다리

발

✏️ 각 동물의 이름을 알고, 따라 써 보세요.

소　　　　　송아지

개구리　　　올챙이

개　　　　　강아지

닭　　　　　병아리

 가족관계 명칭을 알고, 따라 써 보세요.

할아버지

할머니

아버지

어머니

언니

남동생

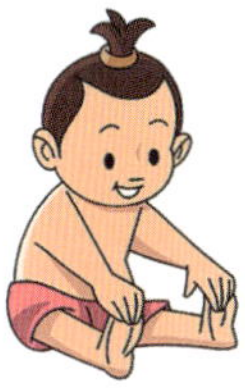

고모

삼촌

✏️ 끝말잇기를 하면서 따라 써 보세요.

수영 → 영어 → 어부 → 부자

일기장 → 장미 → 미용실 → 실내화

나비 → 비행기 → 기차 → 차도

 모양이나 동작을 흉내 내는 말을 따라 써 보세요.

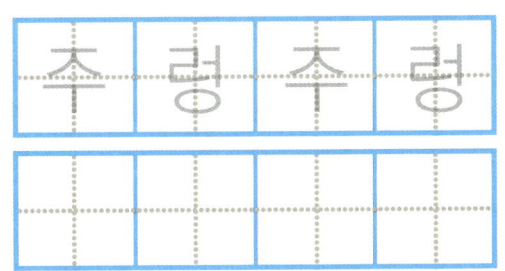

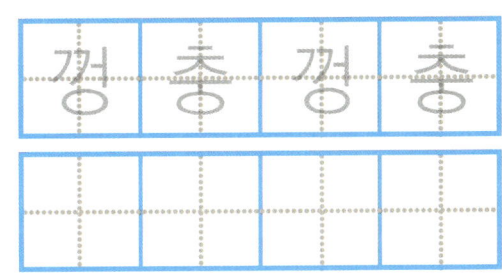

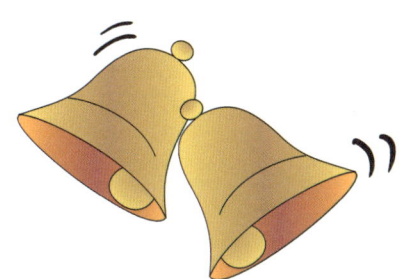
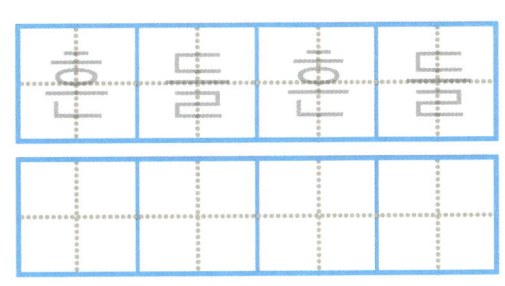

 같은 소리가 나는 낱말을 따라 써 보세요.

편지를 **부치다**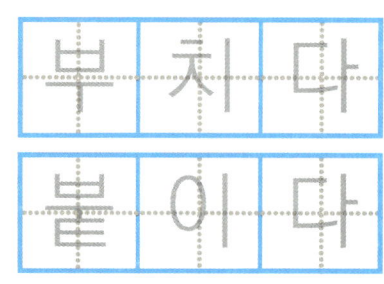

우표를 **붙이다**

일을 **시키다**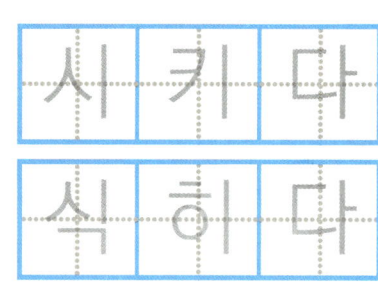

더위를 **식히다**

넘어져 **다치다**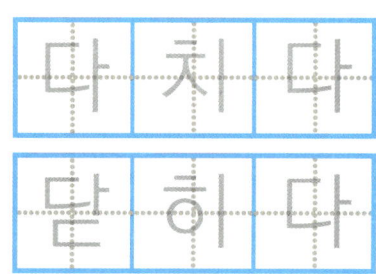

뚜껑이 **닫히다**

발이 **저리다**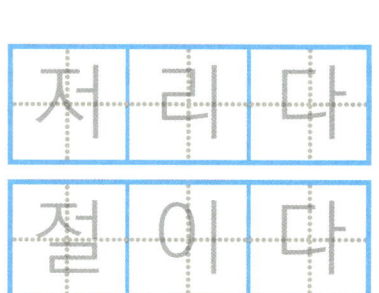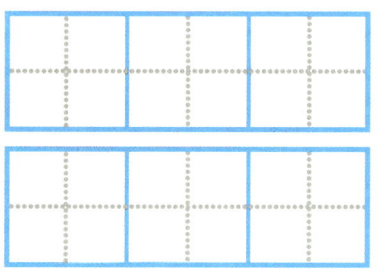

배추를 **절이다**

 계절과 요일을 나타내는 말을 따라 써 보세요.

봄	봄					
여름	여 름					
가을	가 을					
겨울	겨 울					

월요일	월 요 일			
화요일	화 요 일			
수요일	수 요 일			
목요일	목 요 일			
금요일	금 요 일			
토요일	토 요 일			

 다양한 꽃 이름을 따라 써 보세요.

무궁화	무궁화	
개나리	개나리	
민들레	민들레	
장미	장미		
목련	목련		
유채	유채		
모란	모란		
국화	국화		
백합	백합		

 동물의 이름을 따라 써 보세요.

원숭이

고양이

호랑이

다람쥐

코끼리

돌고래

곤충의 이름을 따라 써 보세요.

무당벌레

사슴벌레

잠자리

메뚜기

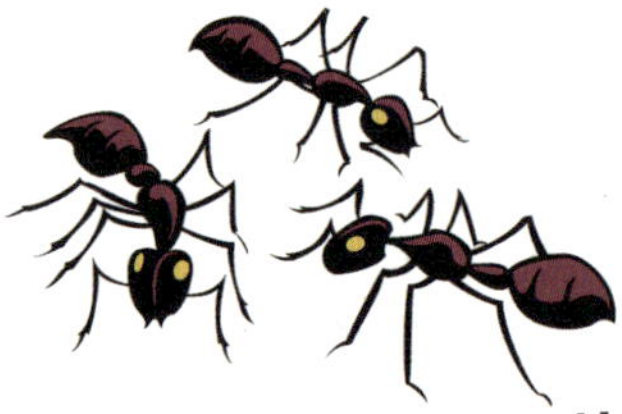

개미

거미

 과일의 이름을 따라 써 보세요.

사과

바나나

딸기

포도

파인애플

수박

23

 탈것의 이름을 따라 써 보세요.

자동차　　　　　버스

경찰차　　　　　구급차

소방차　　　　　기차

 문장의 뜻을 생각하며 따라 써 보세요.

발이 커서 신발이 **작다**.

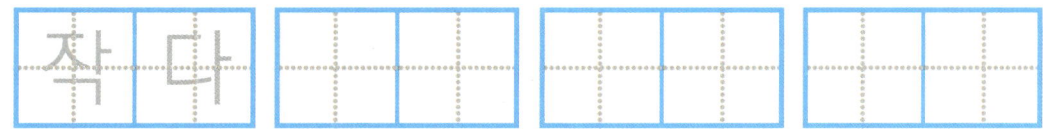

내 친구는 먹는 양이 너무 **적다**.

오늘은 어제와 **다르게** 덥습니다.

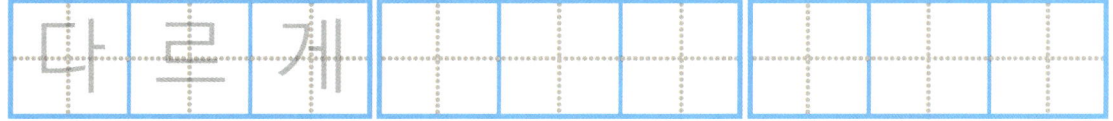

우리 생각은 **틀리지** 않았다.

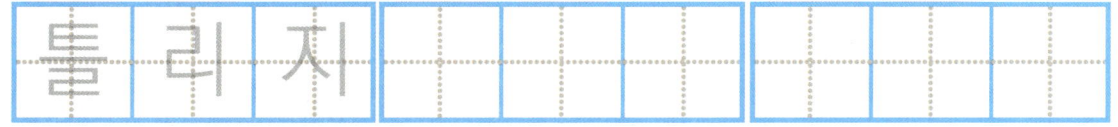

국어 실력 **늘리기** 위해 노력하자.

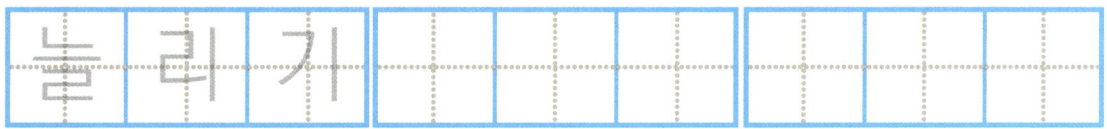

우리 동생은 걸음이 **느립니다**.

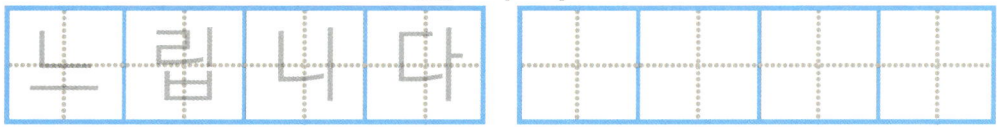

25

 외래어를 따라 써 보세요.

케이크

빵

케 이 크

빵

컴퓨터

로봇

케 이 크

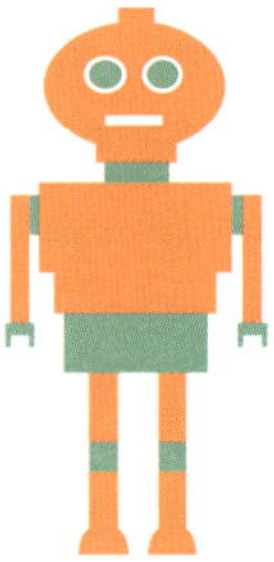

로 봇

피자

주스

피 자

주 스

 문장의 뜻을 생각하며 따라 써 보세요.

동생이 내 장난감을 **갖고** 논다.

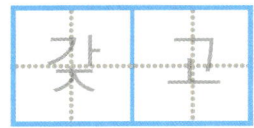   

친구와 나는 키가 **같다**.

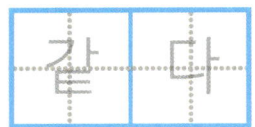   

내일 놀이동산에 **갔다** 올 예정이다.

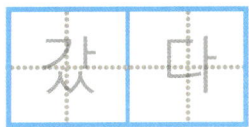   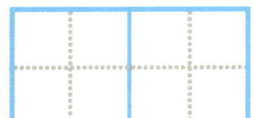

병이 **낫다**.

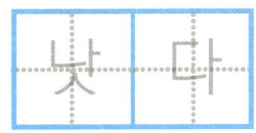   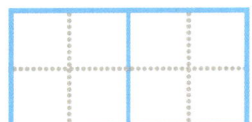

닭이 알을 **낳다**.

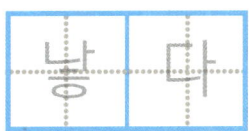  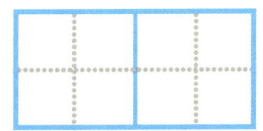 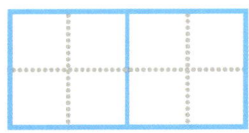

 반복되는 말을 따라 써보세요.

살랑살랑 팔이나 꼬리를 가볍게 흔드는 모양.

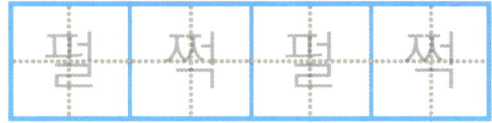

펄쩍펄쩍 힘 있게 자꾸 날아오르거나 뛰어오르는 모양.

주룩주룩 물줄기나 빗물이 빠르게 흐르거나 내리는 소리 또는 모양.

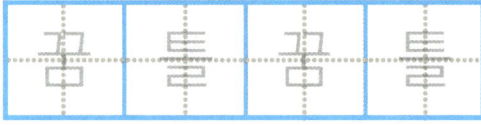

꿈틀꿈틀 몸의 일부분을 구부리거나 비틀며 움직이는 모양.

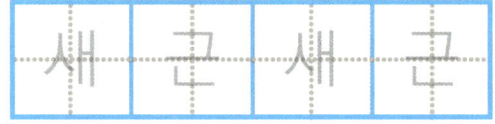

새근새근 가쁘게 자주 숨 쉬는 소리 또는 그 모양.

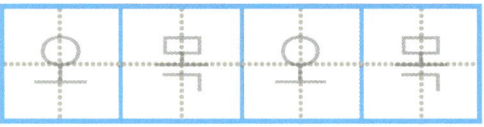

오목오목 물체의 표면이 둥글고 깊게 패어 들어간 모양을 나타내는 말.

 바르게 읽고 따라 써 보세요.

 햇볕은 **쨍쨍**

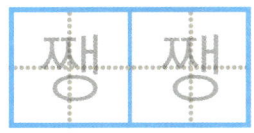  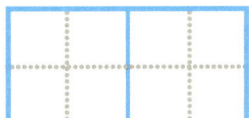 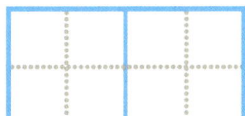

 찬바람은 **쌩쌩**

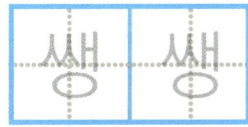   

 번개가 **번쩍번쩍**

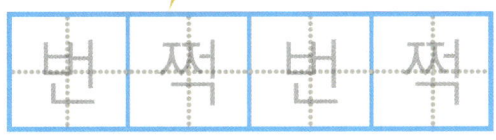 

 하얀 눈이 **펄펄**

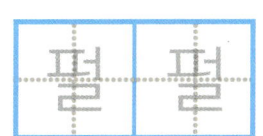  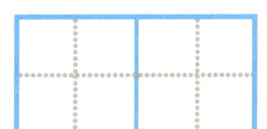 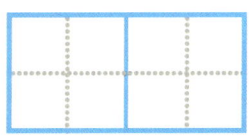

29

 그림을 보고 따라 써 보세요.

사탕 | 사 탕 | | |

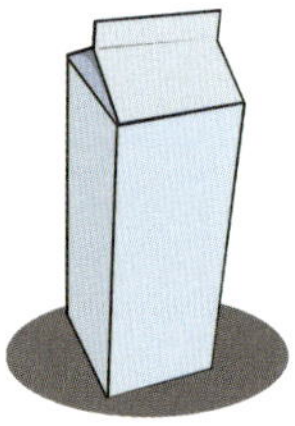

우유 | 우 유 | | |

초콜렛 | 초 콜 렛 | |

김밥 | 김 밥 | | |

라면 | 라 면 | | |

떡볶이 | 떡 볶 이 | |

 받침에 유의하여 따라 써 보세요.

맑음 · 밝다 · 닭다

실다 · 까닭 · 짧다

넓다 · 뛰다 · 붉다

 글 내용을 생각하며, 바르게 따라 써 보세요.

제빵사   빵을 잘 만들어요.

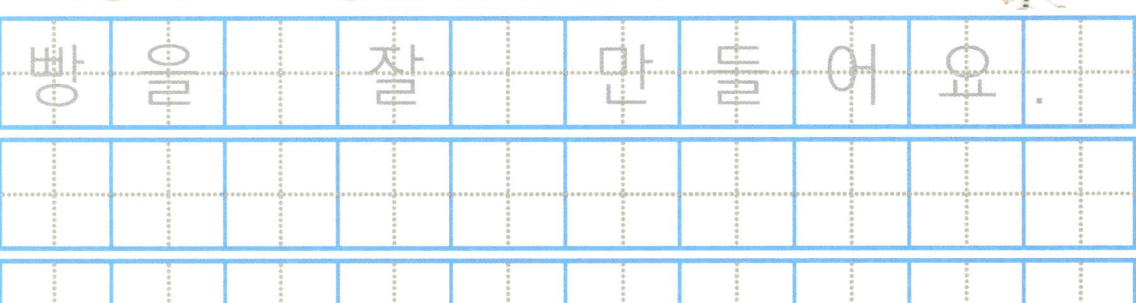

선생님   학생을 가르쳐요.

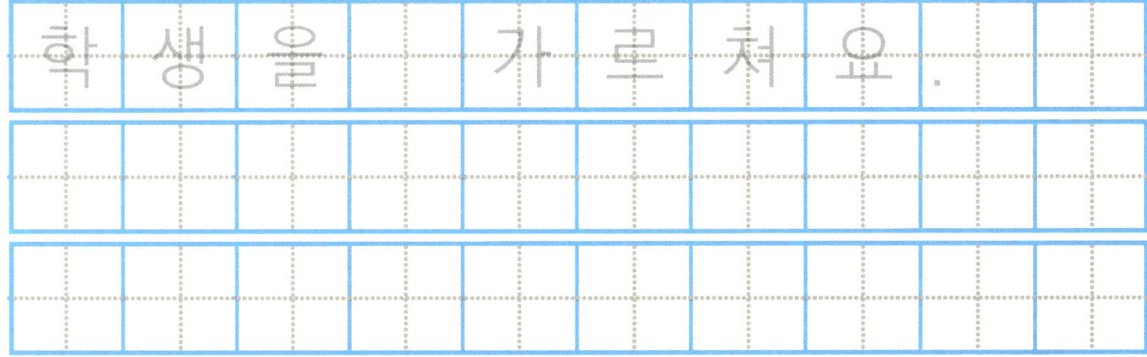

의사   병을 고쳐줘요.

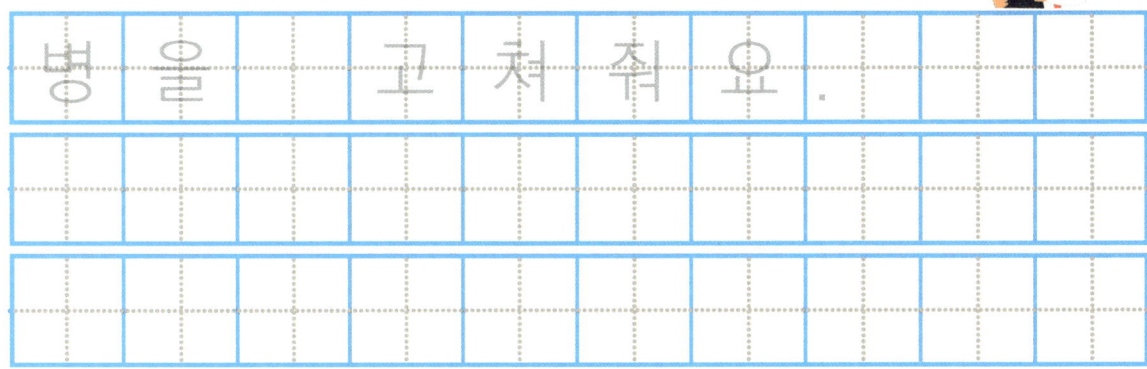

✏️ 다음 문장을 바르게 따라 써 보세요.

 보기 쿨쿨 아장아장 방긋 도리도리

아기가 엄마만 보면 방긋 웃어요.

아기가 머리를 도리도리 좌우로 흔들어요.

아기가 신발을 신고 아장아장 걸어가요.

아기가 쿨쿨 잠을 자고 있어요.

띄어쓰기에 유의하여 따라 써 보세요.

손을 깨끗이 씻다.

물이 펄펄 끓다.

두통을 앓다.

밖에 나가기 싫다.

네 말이 구구절절 옳다.

띄어쓰기에 주의하며 따라 써 보세요.

오늘이 몇 월 며칠이에요?

오늘이 몇 월 며칠이에요?

오후에 비가 올 것 같다.

오후에 비가 올 것 같다.

지붕위에 빗소리가 요란하다.

지붕위에 빗소리가 요란하다.

떡볶이는 언제 먹어도 맛있어요.

떡볶이는 언제 먹어도 맛있어요.

 명언을 따라 써 보세요.

서로 힘을 합치면 더 강해진다.

말 보다 행동이 중요하다.

타고난 재능 보다 노력이 중요하다.

거짓말쟁이는 참 말을 한다 해도 아무도 믿어 주지 않는다.

 이어 주는 말을 따라 써 보세요.

그리고 - 서로 비슷한 내용의 두 문장을 이어 줄 때에 쓰는 말입니다.

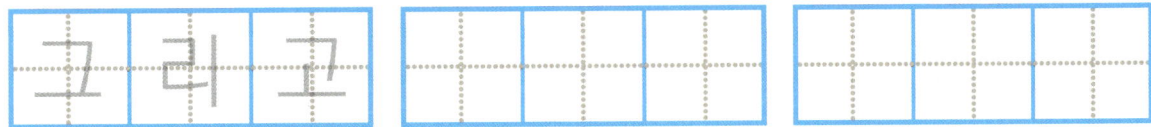

친구는 노래를 잘 한다. 그리고 악기도 잘 다룬다.

그래서 - 앞 문장이 두 문장의 원인, 근거, 조건 등이 될 때에 이어 주는 말입니다.

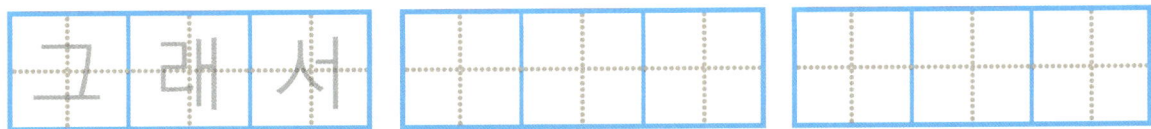

배가 고팠다. 그래서 밥을 빨리 먹었다.

그러나 - 앞 내용과 다른 내용을 말할 때 쓰며 앞뒤 문장을 이어 주는 말입니다.

학교에 가고 싶었다. 그러나 아파서 갈 수 없었다.

 속담을 따라 써 보세요.

보기 좋은 떡이 먹기도 좋다.

보기 좋은 떡이 먹기도 좋다.

겉모양새를 잘 꾸미는 것도 필요함을 이르는 말입니다.

겉모양새를 잘 꾸미는 것도 필요함을 이르는 말입니다.

가는 말이 고와야 오는 말이 곱다.

가는 말이 고와야 오는 말이 곱다.

다른 사람에게 말이나 행동을 좋게 해야 자신에게도 좋은 반응이 돌아온다는 말입니다.

다른 사람에게 말이나 행동을 좋게 해야 자신에게도
좋은 반응이 돌아온다는 말입니다.

 명언을 따라 써 보세요.

시간이 곧 돈이다.

꿈을 이루기 위해 노력하라.

모든 면에서 자신감을 가져라.

항상 즐겁게 지내려고 노력하라.

큰 희망이 큰 사람을 만든다.

속담을 따라 써 보세요.

갈수록 태산이다.

갈수록 태산이다.

어려운 일을 당하면 점점 더 힘들어지는 것을 비유적으로 이르는 말입니다.

어려운 일을 당하면 점점 더 힘들어지는 것을 비유적으로 이르는 말입니다.

겉 다르고 속 다르다.

겉 다르고 속 다르다.

겉으로 드러나는 행동과 생각이 달라서 됨됨이가 바르지 못함을 이르는 말입니다.

겉으로 드러나는 행동과 생각이 달라서 됨됨이가 바르지 못함을 이르는 말입니다.

 뜻을 생각하며 다음 문장을 따라 써 보세요.

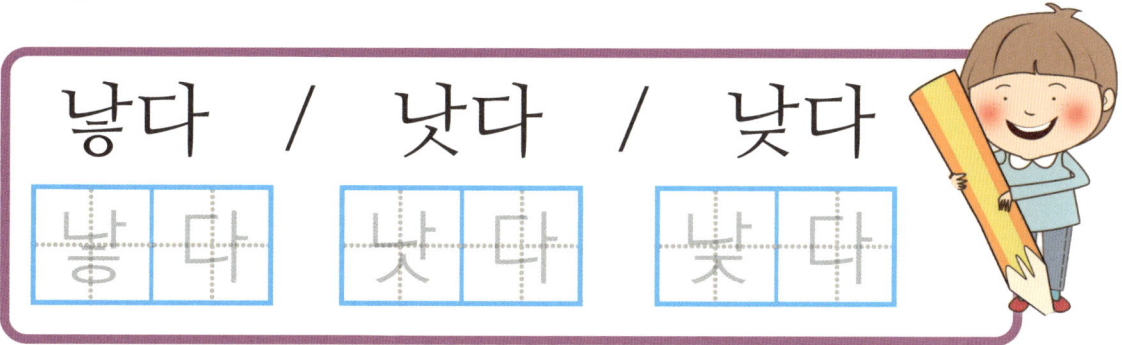

고양이가 귀여운 새끼를 낳다.

고양이가 귀여운 새끼를 낳다.

몸이 치료되어 병이 낫다.

몸이 치료되어 병이 낫다.

오늘 아침 기온이 낮다.

오늘 아침 기온이 낮다.

✏️ 뜻을 생각하며 다음 문장을 따라 써 보세요.

기쁘다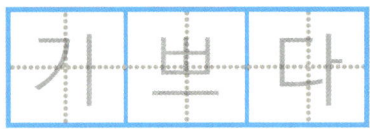

뜻 : 마음이 즐겁고 흡족하다.

친구를 다시 만나게 되어

친구를 다시 만나게 되어 기쁘다.

슬프다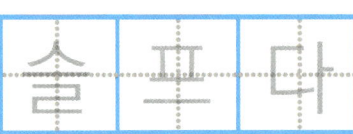

뜻 : 마음이 아프고 괴롭다.

그 만화는 결말이 무척

그 만화는 결말이 무척 슬프다.

고맙다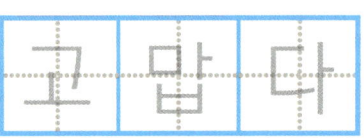

뜻 : 남이 베풀어 준 호의에 대하여 마음이 즐겁다.

친구가 책을 빌려줘서

친구가 책을 빌려줘서 고맙다.

 고사성어를 따라 써 보세요.

권선징악

선한 사람을 권장하고 악한 행동을 벌한다.

금상첨화

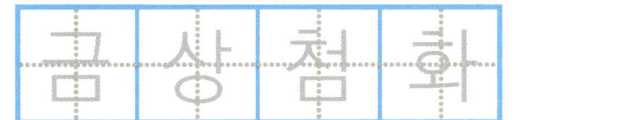 

좋은 일에 좋은 일이 더하여짐을 이르는 말입니다.

다다익선

많을수록 더욱 좋다.

 뜻을 생각하며 다음 문장을 따라 써 보세요.

마치다 / 맞히다 / 부치다 / 붙이다

| 마 | 치 | 다 | | 맞 | 히 | 다 |
| 부 | 치 | 다 | | 붙 | 이 | 다 |

우리 집 대청소를 마치다.

우리 집 대청소를 마치다.

병원에서 아이의 엉덩이에 주사위를 맞히다.

병원에서 아이의 엉덩이에 주사위를 맞히다.

생일 선물을 택배로 부치다.

생일 선물을 택배로 부치다.

편지 봉투에 우표를 붙이다.

편지 봉투에 우표를 붙이다.

 고사성어를 따라 써 보세요.

살신성인

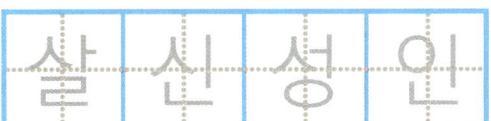

옳은 일을 위하여 자기 몸을 희생한다.

유언비어

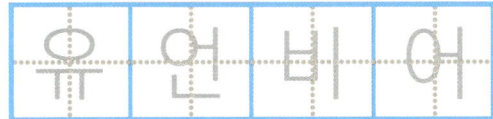

근거 없이 널리 퍼진 소문을 이르는 말입니다.

의미심장

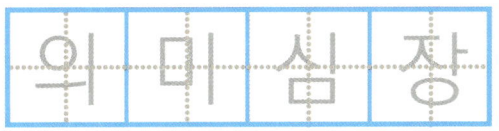

말이나 글의 뜻이 매우 깊다.

 뜻을 생각하며 다음 문장을 따라 써 보세요.

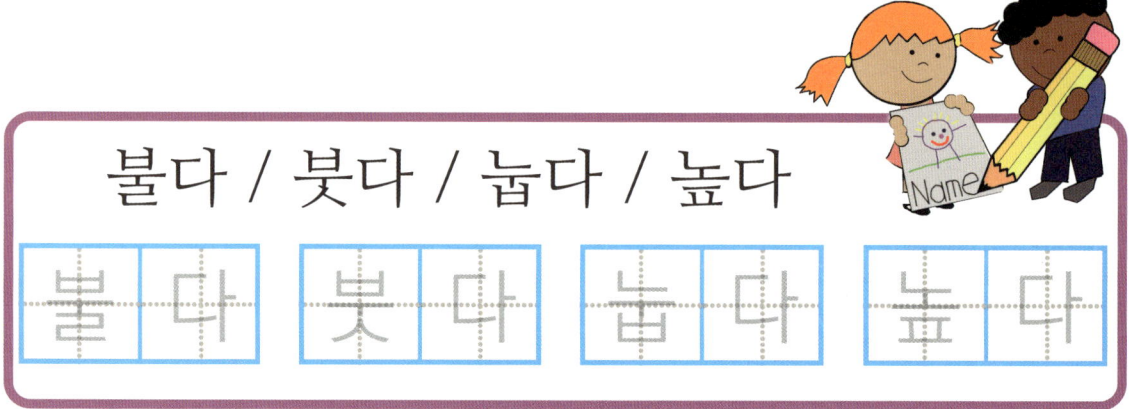

시원한 바람이 안쪽으로 불다.

시원한 바람이 안쪽으로 불다.

물의 양을 조절하여 붓다.

물의 양을 조절하여 붓다.

침대에 반듯하게 눕다.

침대에 반듯하게 눕다.

우리나라 가을은 하늘이 높다.

우리나라 가을은 하늘이 높다.

 사자성어를 따라 써 보세요.

천방지축

하늘과 땅이 어딘지 모를 정도로 함부로 날뛴다.

자업자득

자신이 저지른 일의 결과를 자신이 돌려받는다.

삼사일언

말을 할 때에는 신중히 해야 한다.

 □안에서 틀린 글자를 찾아 바르게 써 보세요.

냇가에

 냇가에 빠 뚜 리 다

고양이가 머 기 를 먹어요.

 고양이가  먹어요.

운동장에서

 운동장에서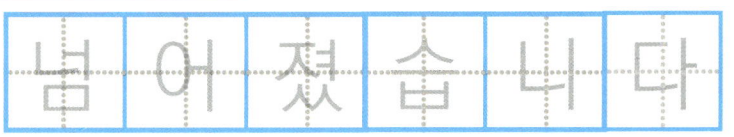

찬물로 손을

 찬물로 손을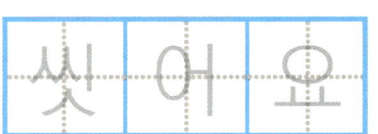

 속담을 따라 써 보세요.

호랑이도 제 말 하면 온다.

호랑이도 제 말 하면 온다.

다른 사람에 관한 이야기를 하는데 그 사람이 나타나는 경우를 이르는 말입니다.

다른 사람에 관한 이야기를 하는데 그 사람이 나타나는 경우를 이르는 말입니다.

꼬리가 길면 밟힌다.

꼬리가 길면 밟힌다.

나쁜 일을 남모르게 한다고 해도 계속하면 결국에는 들키고 만다는 것을 비유적으로 이르는 말입니다.

나쁜 일을 남모르게 한다고 해도 계속하면 결국에는 들키고 만다는 것을 비유적으로 이르는 말입니다.

 뜻을 생각하며 다음 문장을 따라 써 보세요.

앓다 / 끓다 / 옳다 / 뚫다

| 앓다 | 끓다 | 옳다 | 뚫다 |

심한 몸살을 앓다.

심한 몸살을 앓다.

라면이 펄펄 끓다.

라면이 펄펄 끓다.

듣고 보니 엄마 말이 모두 옳다.

듣고 보니 엄마 말이 모두 옳다.

해저터널을 뚫다.

해저터널을 뚫다.

 □안에서 틀린 글자를 찾아 바르게 써 보세요.

동생이 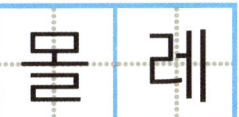 외출했다.

 동생이 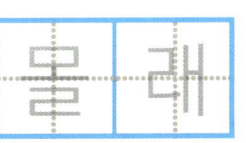 외출했다.

공을 던졌다.

동생이 공을  던졌다.

과자의 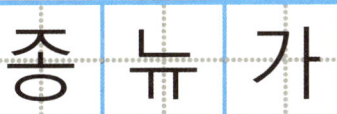 너무 많아요.

 과자의 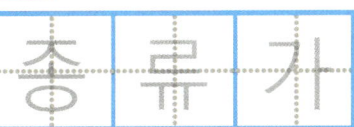 너무 많아요.

고양이를  버렸다.

 고양이를 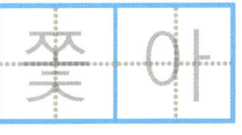 버렸다.

 뜻을 생각하며 다음 문장을 따라 써 보세요.

짧다 ➡ 길이가 짧다.

뒷머리가 짧다.

수명이 짧다.

밟다 ➡ 동생 발을 밟다.

나무 층계를 밟다.

구둣발로 밟다.

 뜻을 생각하며 다음 문장을 따라 써 보세요.

넓다 ➡

거실이 매우 넓다.

마음이 넓다.

운동장이 넓다.

여덟 ➡

하나씩 헤아리며 여덟을 세었다.

여덟 명이 모였다.

모두 여덟 명 이다.

 고사성어를 따라 써 보세요.

양약고구

| 양 | 약 | 고 | 구 |

좋은 충고는 귀에 거슬리나 자신에게 이롭다.

어부지리

| 어 | 부 | 지 | 리 |

두 사람이 싸우는 사이에 엉뚱한 사람이 이익을 챙긴다.

역지사지

| 역 | 지 | 사 | 지 |

입장을 바꾸어 상대방의 처지에서 생각해 보다.

□ 안에서 틀린 글자를 찾아 바르게 써 보세요.

마 침 네 성공했다.

 마 침 내 성공했다.

실수를 후 왜 했 다

 실수를 후 회 했 다

바지에 흙을 무 치 다

 바지에 흙을 묻 히 다

물 깜 을 풀어 채색을 하다.

 물 감 을 풀어 채색을 하다.

 뜻을 생각하며 다음 문장을 따라 써 보세요.

쨍쨍 ➡

햇볕이 쨍쨍 내리쬐는 여름이 왔다.

목소리가 쨍쨍 울렸다.

오늘도 햇빛이 쨍쨍하다.

펄펄 ➡

눈이 펄펄 내린다.

주전자의 물이 펄펄 끓고 있었다.

바람에 깃발이 펄펄 나부낀다.

속담을 따라 써 보세요.

달걀로 바위 치기

달걀로 바위 치기

맞서더라도 도저히 이길 수 없는 경우를 비유적으로 이르는 말입니다.

맞서더라도 도저히 이길 수 없는 경우를 비유적으로 이르는 말입니다.

닭 쫓던 개 지붕 쳐다본다.

닭 쫓던 개 지붕 쳐다본다.

열심히 하던 일이 실패로 돌아가 어찌할 도리가 없이 됨을 비유적으로 이르는 말입니다.

열심히 하던 일이 실패로 돌아가 어찌할 도리가 없이 됨을 비유적으로 이르는 말입니다.

 관용어를 따라 써 보세요.

발목을 잡다.

발목을 잡다.

어떤 일에 잡혀 벗어나지 못하게 하다.

어떤 일에 잡혀 벗어나지 못하게 하다.

어깨가 무겁다.

어깨가 무겁다.

무거운 책임을 져서 마음에 부담이 크다.

무거운 책임을 져서 마음에 부담이 크다.

 □안에서 틀린 글자를 찾아 바르게 써 보세요.

이제 와서 후회해도

 이제 와서 후회해도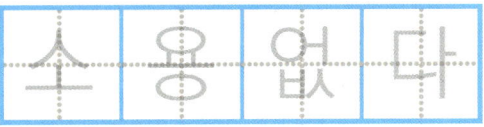

꽃을 가슴에  주었다.

 꽃을 가슴에 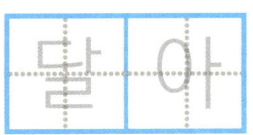 주었다.

동생을  시작했다.

 동생을 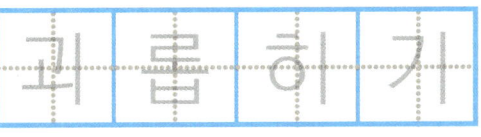 시작했다.

새벽을 알리는 닭

 새벽을 알리는 닭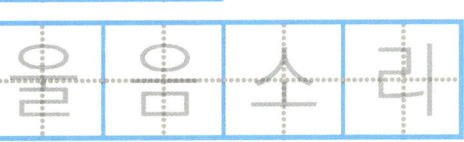

 뜻을 생각하며 다음 문장을 따라 써 보세요.

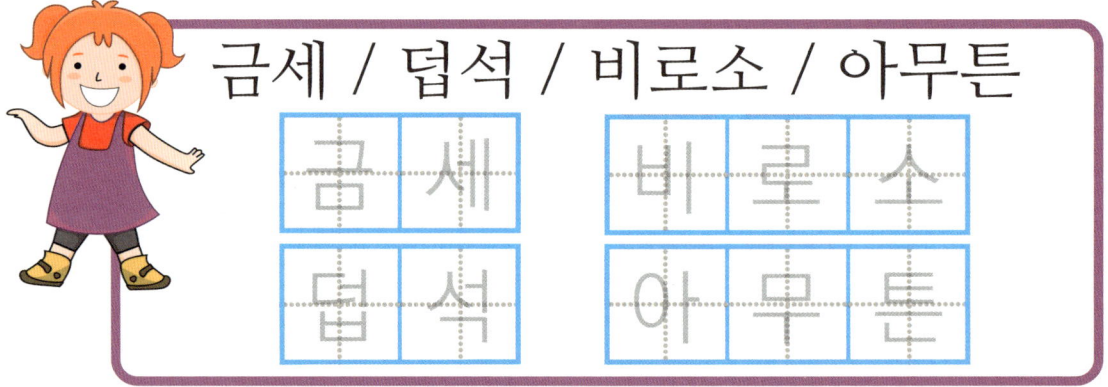

금세 / 덥석 / 비로소 / 아무튼

효과가 금세 나타났다.

효과가 금세 나타났다.

두 손을 덥석 잡았다.

두 손을 덥석 잡았다.

친구의 생각을 비로소 알았다.

친구의 생각을 비로소 알았다.

늦었지만 아무튼 약속 장소로 출발했다.

늦었지만 아무튼 약속 장소로 출발했다.

 관용어를 따라 써 보세요.

줄행랑을 치다.

줄행랑을 치다.

피하여 달아나다라는 뜻입니다.

피하여 달아나다라는 뜻입니다.

발이 넓다.

발이 넓다.

아는 사람이 많아 활동하는 범위가 넓다.

아는 사람이 많아 활동하는 범위가 넓다.

뜻을 생각하며 다음 문장을 따라 써 보세요.

맑다 / 밝다 / 읽다

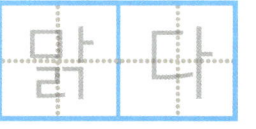 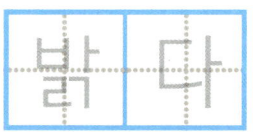 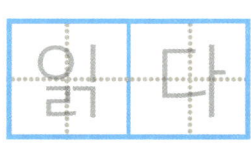 

우리 집은 산에 인접하여 공기가 맑다.
우리 집은 산에 인접하여 공기가 맑다.
우리 집은 산에 인접하여 공기가 맑다.

오늘은 달빛이 유난하게 밝다.
오늘은 달빛이 유난하게 밝다.
오늘은 달빛이 유난하게 밝다.

책을 처음부터 끝까지 큰 소리로 읽다.
책을 처음부터 끝까지 큰 소리로 읽다.
책을 처음부터 끝까지 큰 소리로 읽다.

✏️ □안에서 틀린 글자를 찾아 바르게 써 보세요.

엽 집 을 찾아가 도움을 청했다.
➡ 옆 집 을 찾아가 도움을 청했다.

잘 지내고 있는지 굼 금 하 다
➡ 잘 지내고 있는지 궁 금 하 다

학원 끝나면 곳 바 로 집으로 와라.
➡ 학원 끝나면 곧 바 로 집으로 와라.

차츰 월 래 대 로 회복되어 갔다.
➡ 차츰 원 래 대 로 회복되어 갔다.

✏️ 속담을 따라 써 보세요.

밑 빠진 독에 물 붓기

밑 빠진 독에 물 붓기

아무리 애를 써도 보람이 없는 일이다.

아무리 애를 써도 보람이 없는 일이다.

병 주고 약 준다.

병 주고 약 준다.

해를 입힌 뒤에 모른척하면서 도와주는 척을 한다.

해를 입힌 뒤에 모른척하면서 도와주는 척을 한다.

✏️ 고사성어를 따라 써 보세요.

우공이산

| 우 | 공 | 이 | 산 |

어떤 일이든 끊임없이 노력하면 언젠가는 반드시 이루어진다.

유비무환

| 유 | 비 | 무 | 환 |

미리 준비가 되어 있으면 걱정할 것이 없다.

조삼모사

| 조 | 삼 | 모 | 사 |

간사한 꾀로 남을 속인다.

 뜻을 생각하며 다음 문장을 따라 써 보세요.

집다

흩어져 있는 것을 집다.

손가락으로 연필을 집다.

집게로 물건을 집다.

짚다

지팡이를 짚다.

헛다리를 짚다.

적의 허점을 짚다.

 사자성어를 따라 써 보세요.

고진감래

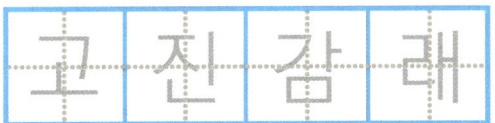

고생 끝에 즐거움이 온다.

초지일관

처음에 세운 뜻을 끝까지 밀고 나간다.

자포자기

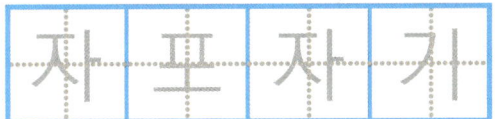

절망에 빠져 자신을 스스로 포기하고 돌아보지 아니하다.

 관용어를 따라 써 보세요.

파김치가 되다.

매우 지쳐서 기운이 없게 되다.

귀가 번쩍 뜨이다.

말이나 이야기에 무척 그럴듯해 마음이 끌리다.

가시방석에 앉다.

불안하거나 근심과 걱정이 들다.

 다음 문장을 바르게 따라 써 보세요.

문장의 빈칸에 들어갈 알맞은 낱말을 보기에서 찾아 써 보세요.

맞다   맡다   짓다   썩다

엄마의 말이 딱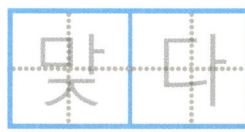

학교에서 숙제 검사를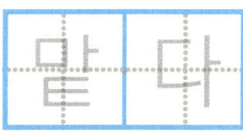

쌀에 보리를 섞어 밥을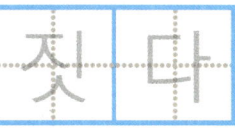

도끼자루가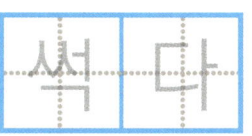

 뜻을 생각하며 다음 문장을 따라 써 보세요.

다르다 ➡

다	르	다

서로 성격이 다르다.

컴퓨터 성능이 다르다.

머리 모양새가 조금씩 다르다.

틀리다 ➡

틀	리	다

맞춤법이 틀리다.

정답이 틀리다.

계산이 틀리다.

4장
글쓰기를 따라 써 보세요.

(1) 순우리말 동시들 쓰기

 바르게 따라 써 보세요.

속마음

맛있는 것만 먹고 싶어

장난감도 다 갖고 싶어

나만 사랑받고 싶어

굄만 받고 싶어

_____

_____

_____

_____

_____

굄 - 유난히 귀엽게 여겨 사랑함

 바르게 따라 써 보세요.

콩나물

키가 쑥쑥 콩나물

내일이면 길어져라

도담도담 커져서

엄마 손에 맛있어져라

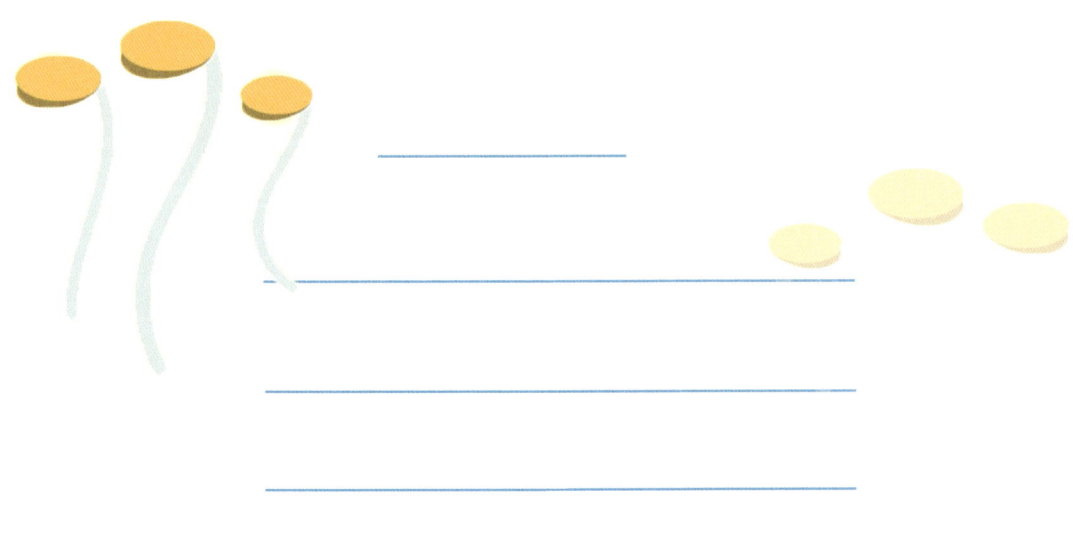

도담도담 - 아이가 별 탈 없이 자라는 모습

✏️ 바르게 따라 써 보세요.

숨바꼭질

열을 세는 소리가 멀어져요

이제 찾는다는 술래의 목소리에

마음이 콩닥콩닥 심장이 올랑올랑

그래도 재밌는 숨바꼭질 놀이

올랑올랑 - 가슴이 자꾸 두근거리는

✏️ 바르게 따라 써 보세요.

꿈에

그루잠에 들어보니 예쁜 꽃가람

꽃잎들을 세다가 집에 갈 시간

눈바래는 꽃가람에 손 흔들고

고개를 들어보니 꿈이었구나

_____

_____

_____

_____

_____

그루잠 - 깼다가 다시 드는 잠
꽃가람 - 꽃이 있는 강
눈바래다 - 멀리 가지 않고 눈으로 배웅하다

 바르게 따라 써 보세요.

가족

예쁜 엄마랑 멋진 아빠

도담도담 귀여운 내 동생

굄만 주는 형 누나

도란도란 우리 가족은 나의 다소니

도담도담 - 아이가 별 탈 없이 자라는 모습
굄 - 유난히 귀엽게 여겨 사랑함
도란도란 - 여럿이 나직한 목소리로 정답게 이야기하는 소리
다소니 - 사랑하는 사람

 바르게 따라 써 보세요.

친구

너나들이 친구하고 싶은데

웃으며 인사하면 좋은데

아직은 머리만 긁적긁적

괜스레 안 본 척 두근두근

너나들이 - 허물없이 말을 건네는 사이

(2) 이솝 우화 쓰기

바르게 따라 써 보세요.

거위와 황금알

거위와 황금알   거위와 황금알   거위와 황금알

옛날에 노부인이 거위 한 마리를 키우고 있었어요.
옛날에 노부인이 거위 한 마리를 키우고 있었어요.

거위는 보통 거위가 아니었어요.
거위는 보통 거위가 아니었어요.

황금알을 매일 낳았지요.
황금알을 매일 낳았지요.

✏️ 바르게 따라 써 보세요.

노부인은 황금알을 팔아 살아갔어요.

그러나 시간이 지나면서 황금알 한 개로는 부족했어요.

노부인 말했어요. "한꺼번에 많은 돈을 벌고 싶다."

 바르게 따라 써 보세요.

어느 날 노부인은 거위를 잡아서 배를 갈랐어요.

그러나 거위의 배 안에는 아무것도 없었어요.

노부인의 지나친 욕심 때문에 거위를 잃고 말았어요.

바르게 따라 써 보세요.

나귀와 소금 짐

나귀와 소금 짐   나귀와 소금 짐   나귀와 소금 짐

어느 날 당나귀가 강을 건너고 있었어요.
어느 날 당나귀가 강을 건너고 있었어요.

당나귀는 많은 양의 소금을 지고 있었어요.
당나귀는 많은 양의 소금을 지고 있었어요.

'이 소금 정말 무겁군.' 당나귀는 생각했어요.
'이 소금 정말 무겁군.' 당나귀는 생각했어요.

✏️ 바르게 따라 써 보세요.

당나귀가 갑자기 미끄러져 강물에 빠지고 말았어요.

"조심해" 당나귀 주인이 말했어요.

강 밖으로 나온 당나귀는 기뻐했어요.

✏️ 바르게 따라 써 보세요.

"소금이 녹아 버렸어. 정말 가벼워!" 당나귀는 소리쳤어요.
"소금이 녹아 버렸어. 정말 가벼워!" 당나귀는 소리쳤어요.

다음날 당나귀는 솜을 나르고 있었어요.
다음날 당나귀는 솜을 나르고 있었어요.

당나귀는 일부러 강물에 빠졌어요.
당나귀는 일부러 강물에 빠졌어요.

바르게 따라 써 보세요.

솜이 더 가벼워질 거라고 생각했던 거예요.

솜이 더 가벼워질 거라고 생각했던 거예요.

그러나 솜은 무거워졌어요.
"살려주세요! 강물에서 나갈 수가 없어요."

그러나 솜은 무거워졌어요.
"살려주세요! 강물에서 나갈 수가 없어요."

당나귀는 힘들어서 엉엉 울었어요.

당나귀는 힘들어서 엉엉 울었어요.

✏️ 바르게 따라 써 보세요.

토끼와 거북이

토끼와 거북이   토끼와 거북이   토끼와 거북이

토끼는 언제나 거북이를 비웃었어요.
토끼는 언제나 거북이를 비웃었어요.

"거북이는 너무 느려! 달릴 수 있니?" 토끼가 물었습니다.
"거북이는 너무 느려! 달릴 수 있니?" 토끼가 물었습니다.

"그럼 달리기 시합을 해보자. 내가 이길 수 있어."
거북이가 말했어요.
"그럼 달리기 시합을 해보자. 내가 이길 수 있어."
거북이가 말했어요.

 바르게 따라 써 보세요.

"여기서 강까지 달리기 시합을 하자."

"여기서 강까지 달리기 시합을 하자."

"뭐라고? 네가 나를 이길 수 있다고? 그럼. 한번 해보자."

"뭐라고? 네가 나를 이길 수 있다고? 그럼. 한번 해보자."

그들은 뛰기 시작했어요. 토끼는 최대한 빨리 뛰었어요.

그들은 뛰기 시작했어요. 토끼는 최대한 빨리 뛰었어요.

바르게 따라 써 보세요.

토끼는 멈춰 서서 뒤를 보았어요. 거북이는 보이지 않았어요.

"거북이는 너무 느리다. 잠이나 자야겠다."

거북이는 느리지만 멈추지 않았어요.

바르게 따라 써 보세요.

얼마 후 토끼는 잠에서 일어났어요.
얼마 후 토끼는 잠에서 일어났어요.

토끼는 서둘러 달려서 결승선에 도착했어요.
토끼는 서둘러 달려서 결승선에 도착했어요.

그러나 거북이는 벌써 도착해 있었답니다!
그러나 거북이는 벌써 도착해 있었답니다!

✏️ 바르게 따라 써 보세요.

여행자들과 곰

여행자들과 곰   여행자들과 곰   여행자들과 곰

두 명의 친구가 오솔길을 따라 걷고 있었어요.
두 명의 친구가 오솔길을 따라 걷고 있었어요.

곰 한 마리가 갑자기 나타났어요.
곰 한 마리가 갑자기 나타났어요.

"곰이다!" 한 친구가 소리쳤어요.
"곰이다!" 한 친구가 소리쳤어요.

바르게 따라 써 보세요.

그는 친구 생각은 하지도 않고 나무 위로 올라갔어요.

다른 친구는 올라갈 틈이 없었어요.

"어쩌면 좋지? 곰이 가까이 왔으니."

✏️ 바르게 따라 써 보세요.

그래서 그 친구는 땅바닥에 누워 죽은 척했어요.

곰이 시체는 건드리지 않는다는 말을 들은 적이 있었어요.

곰이 다가와서 그의 귀와 목에 코를 킁킁거렸어요.

 바르게 따라 써 보세요.

그 친구는 숨을 참고 움직이지 않았어요.
마침내 곰은 다른 곳으로 갔어요.

나무 위에 있던 친구가 내려와서 물었어요.
"곰이 뭐라고 속삭였어?"

"위험에 처한 친구를 버리고 간 친구는 절대로 믿지 말래."

✏️ 바르게 따라 써 보세요.

소년과 개구리

소년과 개구리   소년과 개구리   소년과 개구리

소년들 몇 명이 연못에서 놀고 있었어요.
소년들 몇 명이 연못에서 놀고 있었어요.

그러다 개구리들이 헤엄치고 있는 것을 발견했어요.
그러다 개구리들이 헤엄치고 있는 것을 발견했어요.

소년들은 재미 삼아 개구리들에게 돌을 던지기 시작했어요.
소년들은 재미 삼아 개구리들에게 돌을 던지기 시작했어요.

✏️ 바르게 따라 써 보세요.

많은 개구리들이 돌에 맞아 죽었어요.
많은 개구리들이 돌에 맞아 죽었어요.

마침내 한 용감한 개구리가 물위로 올라와 외쳤어요.
마침내 한 용감한 개구리가 물위로 올라와 외쳤어요.

"제발 잔인한 짓 좀 하지 마!
"제발 잔인한 짓 좀 하지 마!

바르게 따라 써 보세요.

너희들은 재미로 던지지만

우리에게는 목숨이 달린 일이야!"

동물을 사랑합시다!